AF454747

LE

COMITÉ DE LECTURE

COMÉDIE EN UN ACTE, EN VERS

PAR

LÉON BERTRAND

Représentée, pour la première fois, à Paris, sur le théâtre de l'Odéon,
le 24 octobre 1868.

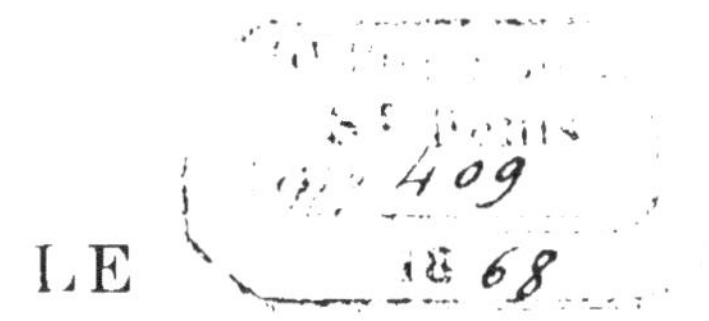

PARIS

E. DENTU, ÉDITEUR

LIBRAIRE DE LA SOCIÉTÉ DES GENS DE LETTRES

Palais-Royal, 17 et 19, Galerie d'Orléans.

—

1868.

Tous droits réservés.

PERSONNAGES

SAINT-MARC......................	MM.	Saint-Léon.
MARCEL.............................		Reynald.
CASIMIR...........................		Paul-Clèves.
VERNEUIL.........................		Dugaril.
LE SEMAINIER....................		Clerh.
ANTHEAUME.....................		Gibert.
Mme JOLIBOIS	Mlle	Nancy.

Pour la mise en scène détaillée s'adresser à M. Rey, régisseur général au théâtre de l'Odéon.

LE

COMITÉ DE LECTURE

Le théâtre représente le foyer des acteurs du Théâtre-Français. —
A gauche, une porte qui est censée mener au comité de lecture.
— Il est midi. — On frappe au dehors

SCÈNE PREMIÈRE

MARCEL, entr'ouvrant doucement la porte du foyer, son chapeau d'une
main, son manuscrit de l'autre.

Personne ici non plus?... Ah ! ma foi, je suis las !
J'ai beau chercher partout, aller de haut en bas,
En tous sens, explorer, en homme opiniâtre,
Ce labyrinthe obscur que l'on nomme un théâtre,
De couloir en couloir, mon manuscrit en main,
Me promener, quêtant quelque visage humain ;
Puisque inutilement je frappe à chaque porte,
Et que chacun est sourd ou bien absent... n'importe ;
Je vais toujours un peu me reposer céans.
Rien ne m'appelle ailleurs... Devant moi j'ai du temps,
Et, comme le concierge, auquel j'ai dit l'affaire,
M'a répondu : « Montez, voyez le secrétaire, »
Dussé-je attendre ici du matin jusqu'au soir,
Je ne m'en irai pas, à coup sûr, sans le voir.
Il s'assied dans un fauteuil.
Ah ! le meuble excellent ! Comme l'on est à l'aise !
Et quelle différence avec l'unique chaise

Qui forme à mon septième, au premier sous les toits,
Le trône où, bien souvent, je fais parler les rois.
A la bonne heure, au moins... Voilà ce qui s'appelle
Un siége comme il faut... Quand ma muse rebelle
De mon humble logis tarde à franchir le seuil,
Que n'ai-je, pour l'asseoir, un aussi bon fauteuil?
Un fauteuil... là! vraiment! n'est-ce pas quelque chose
De divin, de charmant? Comme cela repose!...
Comme on est bien ainsi pour écrire!...

Il se met dans la position d'un homme qui écrit.

Souvent,

Sous ma porte mal close, il se glisse du vent.
Grâce à ce large dos, qui vous couvre et protége,
Là, vous pouvez braver le vent qui vous assiége.
Voulez-vous réfléchir? Avez-vous du souci?...
Mollement étendu, vous vous placez ainsi;

Il s'étend.

Et, le coude appuyé, vous battez la campagne...
Mais ce n'est rien encor... Si le sommeil vous gagne,

S'appuyant la tête.

Quel oreiller meilleur et quel lit plus moelleux
Pour dormir au besoin pendant une heure ou deux!
On se fait tout petit !

(Il se tapit.)

Tout mince, on s'acoquine,

Et, blotti comme un loir... L'invention divine !
Je conçois maintenant, si leurs fauteuils sont tels,
Que s'endorment parfois nos Quarante immortels!...

Se secouant tout à coup.

Çà, vais-je en faire autant?... Ah! paresse, ma mie,
Debout, car ce n'est point ici l'Académie.

Il se lève.

Nous sommes au foyer du Théâtre-Français,
Et nous n'avons, hélas! ni lauriers, ni succès,
Pour nous recommander, quand, à toute aventure,
Nous venons, téméraire, y demander lecture...
L'obtiendrai-je? qui sait?... Sans nul antécédent
Qui plaide en ma faveur et soit mon répondant,
Sans même, en la maison, connaître âme qui vive,
Mon œuvre sous le bras, je pénètre, j'arrive,
Et, comme un important qui serait dans son droit,
Par l'escalier ouvert je monte ici tout droit...
Peut-être aurais-je dû suivre une autre méthode?
Ecrire... ou bien encor, puisque telle est la mode,
D'un journaliste en vogue implorer le secours?...
Rarement, m'a-t-on dit, ces messieurs-là sont sourds
A l'auteur inconnu qui débute et commence ;

Et leur pouvoir partout étend son sceptre immense...
A s'introduire ici, je sens qu'on risque fort.
Mais, bah!... pourquoi d'avance aussi douter du sort?
D'autres sont parvenus, qui n'avaient en partage,
Comme moi, que l'espoir aidé par le courage.
Si mon style n'a pas de quoi plaire à chacun,
Mon sujet, en lui-même, est du moins peu commun...
Il est plaisant, comique, et peut prêter à rire...
Oui; mais il faut avant parvenir à le lire...
Ah! misérable état !... triste métier d'auteur!
Art ingrat que je hais... que j'aime avec fureur !...
De renoncer à toi quand il me prend envie,
Je sens qu'il est trop tard, ô démon de ma vie !
De notre pacte ensemble, en mon humble réduit,
Vingt fois j'ai résolu d'anéantir le fruit.
Dans la crainte où j'étais que ce malheureux germe,
Pâle et faible avorton, ne pût venir à terme;
Mais plus je me voyais près de le mettre au jour,
Plus redoublait pour lui mon paternel amour,
Et plus, sur mon papier, ton souffle qui consume,
O poésie! alors faisait courir ma plume!
Enfin l'œuvre est finie... Et, tu vois, triomphant,
J'accours à ses parrains présenter notre enfant.
Fasse le ciel pour nous, dans un jour de clémence,
Que, sans trop de retards, on nous donne audience!
Car, mon pauvre Marcel, si ton gousset est veuf,
Voilà longtemps aussi que cet habit fut neuf.
Il montre un peu la corde... En outre, ta portière,
Hier, t'a rappelé deux termes en arrière ;
Le soir, chez Flicoteaux, l'empoisonneur maudit,
On t'a signifié la fin de ton crédit...
Tout, en ce monde-ci, n'est pas couleur de roses;
Et tu ne risques rien, au train dont vont les choses,
Si l'on t'oppose encor quelque délai fatal,
De retenir, mon cher, ta place à l'hôpital.
Enfin, en attendant que l'on nous congédie,
Je suis en verve, seul... lisons ma comédie.

Il s'assied à l'écart et déroule son manuscrit.

Voyons, scène par scène, épluchons chaque vers :
Parfois un mot mal mis s'entend tout de travers;
Un grand maître l'a dit avec raison : Courage!
« Vingt fois, sur le métier, remettez votre ouvrage. »
   (Il lit.)
Tout ou rien !... Si ce titre un peu prétentieux...

SCÈNE II

MARCEL, CASIMIR, entrant bruyamment, un manuscrit en main,
et suivi par VERNEUIL.

CASIMIR.
Encore un coup, Verneuil, tu me vois furieux,
Et c'est fort maladroit !
MARCEL, roulant sa comédie avec dépit.
J'étais si bien en veine !
CASIMIR.
De nous hâter autant, pourquoi prendre la peine ?
(Montrant l'horloge.)
Midi !

VERNEUIL.
Mais... je croyais...
CASIMIR.
On a plus de raison.
Tu me fais en courant sortir de la maison,
Et j'avais beau te dire...
VERNEUIL.
Allons, pas de querelle.
CASIMIR.
Nous serons là trop tôt, non... Monsieur fait du zèle ;
Il faut... C'est de bon goût ! .. Depuis quand a-t-on vu
Un auteur, dis-le-moi, d'un peu de sens pourvu,
Devancer à ce point l'heure de sa lecture ?
A ces mots, Marcel, qui n'avait pas bougé, se lève.
MARCEL, à part.
Deux auteurs qui vont lire !
Il fait quelques pas et salue Verneuil avec respect.
VERNEUIL, lui rendant son salut, le montrant à Casimir.
Oh ! l'honnête figure !
CASIMIR, lorgnant Marcel avec dédain.
Quelque copiste obscur, attendant en ce coin
Le travail dont, pour vivre, il doit avoir besoin.
Que ce drôle déjà soit hors de sa demeure,
Je le conçois ; mais nous...
Regardant encore l'horloge avec humeur.
Midi, c'est pour une heure.
VERNEUIL.
Eh bien ! nous attendrons.
CASIMIR.
C'est du plus mauvais ton !
Et tant d'empressement...

VERNEUIL.
Ici, nous connaît-on?
CASIMIR.
Justement, nous venons pour nous faire connaître,
Et ce n'est pas ainsi que l'on s'y prend, mon maître.
Etre prêts bien avant que tout le comité
Soit d'abord à son poste. Eh! mais, sans vanité,
Lorsqu'on a du talent, et que l'on s'apprécie,
C'est faire un pas de clerc qui vous préjudicie.
En ce lieu, comme ailleurs, souviens-toi de ce fait :
Il faut, pour réussir, produire de l'effet,
Jeter sa poudre aux yeux, bannir ces airs timides,
Façons de débutants, moyens gauches, stupides.
On n'a rien vu de vous?... vous n'avez rien produit?...
Qu'importe?... En arrivant, faites toujours du bruit,
Et, loin de vous morfondre ainsi dans l'antichambre,
Au comité n'entrez qu'après le dernier membre.
VERNEUIL.
Quoi! tu penses...

CASIMIR.
Mon Dieu! crois-en donc mes discours.
MARCEL, à part.
Il se pourrait qu'ici cette monnaie eût cours?
CASIMIR.
Tout est là... Que nous sert, voyons, la modestie?
Du vrai mérite on dit qu'elle est la garantie,
C'est fort bien, mais après?... La confiance en soi,
Cet aplomb qui d'abord met en avant le moi,
Qui parle haut, décide et des faits et des hommes,
Voilà qui vaut bien mieux dans le siècle où nous sommes.
C'est là le grand secret pour surprendre les gens.
Sévères pour autrui, pour eux plus qu'indulgents,
Combien de beaux parleurs, en tout, n'ont d'influence
Que grâce à ce talent d'une heureuse impudence!
Il se lève.
Vois Valter, le poëte, il ne néglige pas
La moindre occasion de faire grand fracas :
Courageux champion d'une école nouvelle,
A son char, le premier, sans rougir il s'attelle,
Et, son propre claqueur, n'attend pas qu'un succès,
En couronnant sa pièce, ait gagné son procès.
A l'entendre, il n'est rien au-dessus de ses œuvres.
On siffle?... C'est l'Envie agitant ses couleuvres,
Ou bien le mauvais goût d'un profane amateur,
Qui d'un art incompris n'est point à la hauteur.
Prenant d'un ton tranchant l'allure cavalière,
Il faut le voir traiter et Racine et Molière !

Corneille, ce géant par deux siècles grandi,
N'est pour lui qu'un vieillard tant soit peu refroidi.
Il a réponse à tout; l'autre soir, par exemple,
Quelqu'un des vers du *Cid*, citait la facture ample,
Raillant ainsi les siens, parfois estropiés :
«Ces vers sont beaux, dit-il, mais s'ils ont douze pieds,
« Les miens en ont quatorze »!!! Heureux mot! mot sublime!
Et qui place bien haut Valter en mon estime,
Puisque tout uniment il prouve aux détracteurs
Qu'il a deux pieds de plus que nos plus grands auteurs!

MARCEL, à part.

« Les miens en ont quatorze!... » Ah! le mot admirable!
Décidément cet homme est un fou véritable.

CASIMIR.

Tiens, entre nous soit dit, mon pauvre ami Verneuil,
C'est de ton avenir, je crois, qu'est là l'écueil,
Tu ne suis pas assez de Valter le système,
Et je voudrais te voir moins douter de toi-même...
     (Avec restriction.)
Tu...ne...fais...pas mal

VERNEUIL, avec doute.
Oh!

CASIMIR.
Tu n'es pas sans talent...

Ton goût est sage...

VERNEUIL, avec doute encore,
Oh! oh!

CASIMIR.
Quelquefois excellent.
VERNEUIL.

Tu trouves?

CASIMIR.
Oui, depuis que nous sommes ensemble,
Ta manière a beaucoup profité, ce me semble.

MARCEL, à part.

De deux ânes mangeant au même râtelier,
Celui qui parle en maître est souvent l'écolier.

CASIMIR.

Ton style, aux vieux auteurs jadis par trop fidèle,
S'est formé par degrés sur mon style modèle.

MARCEL, à part.

Courage !

CASIMIR.
Ta pensée, autrefois sans couleur,
Au contact de la mienne a pris de la chaleur.

MARCEL, à part.

Bravo !

CASIMIR.

Sans qu'à la suivre un public se fatigue
On t'a fait voir comment se bâtit une intrigue.

MARCEL, à part.

Oui-da!

CASIMIR.

Puis, par la suite, enseigné le moyen
D'amener, sans effort, un dénoûment à bien.

MARCEL, à part.

Tout cela! parions, monsieur le bon apôtre,
Qu'à frais d'esprit commun, c'est vous qui volez l'autre !

CASIMIR.

Enfin, à tout bien prendre il est certain qu'en toi
Il existe du bon, et que, guidé par moi,
Chez qui l'art a mûri ces dons de la nature,
Tu te pourrais pousser dans la littérature...
Mais...

MARCEL, à part.

Ah! nous y voilà, l'inévitable mais...

CASIMIR.

Malgré tous mes efforts, je crains fort que jamais
Tu n'arrives, mon cher, à faire rien qui vaille,
Si ta langue se tait quand ta plume travaille...
En d'autres termes, si, par un faux point d'honneur,
Tu n'es de ton talent le plus ardent prôneur,
Et n'aides, en jetant quelque peu de fumée,
A ce premier éclat que suit la renommée.
Voilà ce qui te manque; et j'avoue à regrets
Que, sur ce point, en toi je ne vois nul progrès.
Toujours peureux, timide... Eh! que, faute du reste
La médiocrité prenne un maintien modeste!...
Mais, chez toi, mon élève, à quoi bon un défaut
Que n'eut jamais ton maitre?

MARCEL, à part.

Oh! non certe, il s'en faut.

CASIMIR.

Fi!... Puisqu'on ne parvient, je le dis et répète,
Qu'en se faisant partout, soi-même, sa trompette,
Sois donc un peu du siècle, et, dans tout m'imitant,
Pour acquérir un nom tranche de l'important.
Mais à propos de nom, tu sais qu'au répertoire
On n'en a porté qu'un ?

VERNEUIL, surpris.

Moi ?... non.

CASIMIR.

Voici l'histoire:
Quoique un acte bien fait l'emporte, à mon avis,

Sur trois actes, sur cinq, parfois moins bien suivis,
Fût-ce un petit chef-d'œuvre, on doit, en apparence,
N'y jamais attacher une grande importance.

MARCEL, à part.

En voici bien d'une autre !

VERNEUIL.

Et pourquoi?

CASIMIR.

C'est reçu.

Deux pour une bluette, un rien, un aperçu,
Comme esquisse de mœurs, cadre parfois minime,
C'est un de trop, mon cher.

MARCEL, à part, fixant Verneuil.

Gageons qu'il le supprime.

CASIMIR.

Passe en un vaudeville, où l'on trouve accouplés
Plus d'auteurs, aujourd'hui, qu'on n'y voit de couplets.
Là, c'est tout différent; souvent, sans rien rabattre,
Ces messieurs pour l'esprit ne sont pas trop de quatre.
Mais ici, l'on rirait d'un ridicule tel,
Et j'ai prié d'inscrire un seul de nous.

VERNEUIL, avec empressement.

Lequel?

CASIMIR.

Peux tu le demander?... Moi, je ne tenais guère
A me mettre en avant.

VERNEUIL.

Ah!

CASIMIR.

Pour cette misère?

Que l'un ou l'autre lise, eh! qu'importe après tout?
Le point essentiel, c'est de lire avec goût,
De bien accentuer, enfin de faire en sorte
Que chaque intention habilement ressorte,
Et qu'avec intérêt, jusqu'au bout écouté,
L'ouvrage soit admis à l'unanimité.

VERNEUIL.

C'est juste.

CASIMIR.

En elle-même, et la chose est prouvée,
Du reste, une lecture est tout une corvée,
Heureux l'auteur qui peut s'en dispenser!

VERNEUIL.

Vraiment ?

CASIMIR.

D'honneur pour s'en charger il faut du dévoûment.

VERNEUIL, avec joie.

Alors, c'est moi...

CASIMIR.

Non, moi.

VERNEUIL.

Comment?

CASIMIR.

Tu vas comprendre,

C'est un service...

MARCEL, riant sous cape.

Ah! bon!

CASIMIR.

Que j'ai voulu te rendre.

MARCEL, à part.

Adorable!

CASIMIR.

Voyons, me suis-je dit : Verneuil
A beaucoup travaillé.

VERNEUIL.

Deux mois dans mon fauteuil.

CASIMIR.

Si j'ai trouvé le plan, ce qui n'est pas facile,
Tout le reste est de lui, quoi que écrit dans mon style.

MARCEL, à part.

J'en étais sûr !...

CASIMIR.

C'est lui qui, passant une nuit,
L'autre semaine, au net a mis le manuscrit,
Qui, ce matin encor, par d'adroites réclames,
S'assurait au besoin et journaux et programmes..
Soyons juste : pourquoi lui laisser tout le mal ?
A nous l'ennui de lire !...

MARCEL, à part.

O partage loyal !

VERNEUIL, confondu.

Quoi! mon cher, il se peut?

CASIMIR.

Tu ne veux pas m'en croire ?

Et le trait te surprend.

L'emmenant près du tableau placé dans l'intérieur du foyer.

Tiens, vois le répertoire :
Lecture... jeudi, six... pour monsieur ?

VERNEUIL.

Casimir !

MARCEL, à part.

Enregistrons le nom pour nous en souvenir.

CASIMIR.

Je me suis dévoué : du reste, sois tranquille,
La pièce, en moi, rencontre un interprète habile.
Je lis parfaitement ; et, comme échantillon...

             Il déroule le manuscrit et va pour lire.

O ciel ! qu'avons-nous fait ?

VERNEUIL.

   Quoi donc ?

CASIMIR.

          C'est le brouillon !

VERNEUIL.

Le brouillon ?

CASIMIR.

    Inexact, fautif, indéchiffrable.
Le mauvais manuscrit.

VERNEUIL.

   Erreur impardonnable!

CASIMIR.

C'est ta faute, Verneuil !

VERNEUIL.

   Comment ! m'accuser, moi ?

CASIMIR.

N'avais-tu pas la pièce ?

VERNEUIL.

   Eh ! non, elle est chez toi,
Depuis trois jours, tu sais que je te l'ai remise.

CASIMIR.

Oui, mais, hier matin, ne l'as-tu pas reprise ?

VERNEUIL.

Non.

CASIMIR.

  Si fait.

VERNEUIL.

   J'en suis sûr.

CASIMIR.

   Moi, je suis sûr aussi
Que....

SCÈNE III

LES PRÉCÉDENTS, ANTHEAUME, portant un plateau avec un
verre d'eau sucrée.

ANTHEAUME.

Messieurs, si l'auteur qui doit lire est ici,
Qu'il ne s'éloigne pas, et se tienne en mesure :
On va dans un instant commencer la lecture.

           Il entre au comité.

SCÈNE IV

MARCEL, CASIMIR, VERNEUIL.

CASIMIR.

Allons, bon !

VERNEUIL.

Comment faire ?

CASIMIR.

A nous croiser les bras
Nous ne sortirons pas à coup sûr d'embarras ;
Des deux éditions, l'un de nous a la bonne,
Courons chacun chez...

VERNEUIL.

Quoi ! sans dire à personne ?

CASIMIR.

Au fait, si... prévenons... Mais qui ?... Si peu de temps !

(Comme frappé d'une inspiration subite.)

Ah ! ce garçon parbleu !

Il s'avance vers Marcel.

Monsieur !

MARCEL.

Monsieur ?

CASIMIR.

Céans

Vous attendez quelqu'un ?

MARCEL.

Hélas ! à ne rien taire,
Du théâtre, il est vrai, j'attends le secrétaire.

CASIMIR, à Verneuil, à part.

Juste ce qu'il nous faut... je te le disais bien ;
Moi, je vous flaire un homme à la mine, au maintien.
Un copiste, mon cher

MARCEL.

Pensez-vous que je puisse
Vous obliger, messieurs ?

CASIMIR.

Oui, rendez-nous service.
Nous sommes des auteurs... un quiproquo fâcheux
Un drame pris pour l'autre...

MARCEL.

Oh ! compris !..

CASIMIR.

De tous deux,
Avant de lire, exige une assez courte absence.

Si, par hasard, sans nous, on ouvrait la séance,
Priez d'attendre un peu... Le premier qui viendra,
Le manuscrit en main, vite commencera ;
Et la pièce reçue (elle l'est sans contrôle)
C'est vous seul qui, de droit, copîrez chaque rôle.

Casimir et Verneuil sortent.

SCÈNE V

MARCEL, seul.

« Copîrez chaque rôle ?... » Ah çà ! mais que dit-il
Ce plaisant personnage ?... En connaisseur subtil,
Me prend-il bonnement pour un simple copiste ?
Merci !... l'on ne tient pas à vous suivre à la piste,
Monsieur le bel-esprit, qui, du soir au matin,
Ne vivez, j'en suis sûr, que d'un honteux butin.
C'est bon pour vous, l'ami, de copier les autres :
Mais gardez vos talents, sans préjuger les nôtres.
A-t-on vu ?... Parce que l'élégant est bien mis,
Sous cet habit qu'il doit, il se croira permis
De vous humilier ?... Ah ! monsieur le gant-jaune,
Mesurez, s'il vous plaît, vos pareils à votre aune ;
Et, puisque d'un lorgnon vous aidez vos deux yeux,
Faites-nous donc, au moins, la grâce d'y voir mieux.
Quoi ! dans ce siècle-ci, qu'avec justice on nomme
Un siècle de progrès, il suffira qu'un homme,
Comme le dit ce fat, à défaut de talents,
Etale avec aplomb ses airs plus qu'insolents,
Pour qu'en un certain monde, où chacun seul l'évite,
En masse, on lui décerne un brevet de mérite !
Encouragé, tandis qu'on le devrait honnir,
Le traître ainsi verra sa route s'aplanir ;
Sans lutte, sans effort, il parviendra de reste !
Et le cœur généreux, l'auteur simple et modeste,
Qui ne fait pas parade, en ses moindres discours,
D'un talent ignoré, dont il doute toujours,
Qui longtemps, par l'étude, avant que de produire,
Chez nos maîtres à tous a pris soin de s'instruire,
Celui-là, sans soutien, n'aura pour tout appui
Qu'un courage vingt fois prêt à faillir en lui?
Tandis que l'un se voit élever au pinacle,
L'autre ne trouvera qu'empêchement, qu'obstacle ?
Non ! contre un tel abus il faut se révolter :
Car qui sème, à son tour, a droit de récolter !

SCÈNE VI

MARCEL, SAINT-MARC, un registre à la main.

SAINT-MARC.

Monsieur, à ce beau feu qui noblement éclate,
On devine un auteur sans être diplomate.

MARCEL, à part.

Ah! celui-ci, du moins, me juge en connaisseur.

(Haut.)

Oui, monsieur!

SAINT-MARC, à part, le détaillant.

Habit noir... air râpé, pauvre auteur....

(Haut.)

Çà, nous venons pour lire.

MARCEL.

Hélas! oui.

SAINT-MARC.

Je souhaite
Que votre pièce en tout soit œuvre si parfaite,
Qu'on l'accepte, monsieur, à l'unanimité.

MARCEL, s'inclinant.

Monsieur.

(A part.)

Puisse un tel vœu du ciel être écouté!

SAINT-MARC.

C'est un début, je crois?

MARCEL.

C'est un premier ouvrage.

SAINT-MARC.

En vers? en prose?

MARCEL.

En vers.

SAINT-MARC, à part.

Des vers ils ont la rage:
En sortant du collége, ils n'est pas d'écolier
Qui ne veuille au Parnasse usurper son laurier!
Encor quelque refus!

(Haut.)

Ah! nous sommes poëte?
Bien, jeune homme, très-bien. Moi, toujours je regrette,
Quand on présente ici quelque ouvrage nouveau
Qu'il ne soit pas en vers...

MARCEL.

Bah! au même niveau

Monsieur ne place pas et prose et poésie ?
Lorsqu'une pièce est bonne.

SAINT-MARC.

Ah ! fi donc ! l'hérésie !
Peut-on confondre ainsi deux genres si divers.
Monsieur, l'on parle en prose et l'on écrit en vers.

MARCEL, à part.

De moi cet homme-là voudrait-il quelque chose ?

SAINT-MARC, à part.

Il pourrait réussir, ménageons-le, pour cause...
(Haut.)
Vous connaissez quelqu'un parmi nos juges ?

MARCEL.

Non !
L'affiche, de chacun, m'a souvent dit le nom.
Mais c'est tout.

SAINT-MARC.

Ah ! monsieur, des hommes de génie !
Quel comité savant ! quelle heureuse harmonie !
Un petit Institut !... Tenez, sans compliment,
D'être jugé par eux, c'est un honneur, vraiment ;
Et l'arrêt prononcé, quelle qu'en soit l'issue,
En appeler ailleurs, c'est faire une bévue...
Jadis, pour auditeurs, des gens tant soit peu vains,
Récusant nos acteurs, voulaient des écrivains...
Hein ! quelle balourdise ?... invoquer la censure
D'un comité choisi dans la littérature.
Mettez-moi donc d'accord tant de rivaux jaloux !
Mais ils se mangeraient entre eux !... Tandis que nous,
Plus désintéressés, que chacun ait son rôle
Cela suffit, monsieur, et chacun vous épaule.
L'ouvrage est de vous seul ?

MARCEL.

De moi seul.

SAINT-MARC.

C'est très-bien.

Un acte ?

MARCEL.

Un acte, court.

SAINT-MARC.

Le titre ?

MARCEL.

Tout ou rien...

SAINT-MARC.

Tout... ou ?...

MARCEL.

Rien ! — Oui, monsieur ; ce titre vous étonne ?

SAINT-MARC.
Comment donc!... Mais l'idée, au contraire, est bouffonne,
Et je suis convaincu qu'avec esprit traité,
Ce sujet peut fournir un excellent côté...
Seulement... un conseil... — Vous permettez, je pense?
MARCEL.
Monsieur...
SAINT-MARC.
              Tout ou... fait mal, mauvaise consonnance.
Moi, j'aimerais bien mieux, pour l'oreille et le goût,
Renverser *Tout ou rien* et mettre *Rien ou tout.*
MARCEL.
Sans connaître les gens, c'est un tort que d'en rire,
Monsieur,... vous devriez avant me faire lire.
SAINT-MARC.
Mais,... ce que je vous dis, c'est dans votre intérêt.
Du reste, au comité, chacun, je crois, est prêt,
Et je vais voir...
Il entr'ouvre la porte du comité et a l'air de compter les membres
présents.
MARCEL, à part.
              Ah çà! quelle étrange méprise!
SAINT-MARC.
Oui... neuf membres déjà, la quantité requise :
Mesdames Saint-Albin, Delâtre, d'Irancy ;
Messieurs Préval, Villiers, Roy, Beauregard, Courcy,
Et notre ami Fresnoy, l'acteur dont le suffrage,
Vaut à lui seul cinq voix.
MARCEL.
              Cinq voix ?
SAINT-MARC.
                           Pas davantage !
Entrez-vous ?
MARCEL.
       Quoi, monsieur ?
SAINT-MARC, à lui-même.
                           Tant pis pour les absents.
MARCEL.
Ou cet homme confond, ou bien à mes dépens...
SAINT-MARC.
Ils seront à l'amende, ah! foi de secrétaire!
MARCEL, à part, dans une agitation croissante.
Le secrétaire, lui!... Grand Dieu! le mot m'éclaire.
Il me prend à coup sûr pour monsieur Casimir.
Si j'osais!... quelle idée!... Ah!... ils vont revenir,
L'un ou l'autre,... qui sait? peut-être! non, la ruse
Est indigne, honteuse,... Et pourtant quelle excuse!

Tandis que ces deux fous cherchent leur manuscrit,
Quel admirable tour de lire à mon profit !...
Inconnus tous les trois...

SAINT-MARC.

Eh bien ! le cœur chancelle ?

MARCEL, à part.

Un seul acte... ils l'ont dit... Ah ! la partie est belle !

SAINT-MARC.

Entrez donc !... On attend...

Il le pousse.

MARCEL, à part.

Je n'y puis résister.
Risquons-nous... Après tout, qu'en peut-il résulter ?
Je n'aurais pas lecture avant six mois, peut-être ;
Et là, dans un instant...

Il se dirige vers la porte.

O Molière, mon maître,
Cet ouvrage est à toi... fais qu'il soit accepté,
Et les rieurs alors seront de mon côté.

Il entre.

SCÈNE VII

SAINT-MARC, seul.

Tous ces jeunes auteurs qui n'ont rien fait encore
Auraient, je crois, besoin d'un bon grain d'ellébore ;
Un comité, pour eux, ce tribunal nouveau,
Suffit pour déranger tout leur petit cerveau...
O têtes à l'évent, quand donc, un peu moins folles,
Suspendrez-vous ce flux de gestes, de paroles ?
Qui vous fait ressembler, pour l'homme de sang-froid,
À ces jouets d'enfants qu'on fait mouvoir du doigt.
Quand donc...

SCÈNE VIII

SAINT-MARC, VERNEUIL.

VERNEUIL, entrant, et descendant rapidement la scène en manquant
bousculer Saint-Marc.

J'en étais sûr, une course inutile.

SAINT-MARC.

Encore un... Bon ! remue, échauffe-toi la bile.
Que veut-il celui-là ?

VERNEUIL.
C'est qu'il est tard, morbleu !

Cherchant de tous côtés.

Et notre homme... Allons, bien ! il n'est plus en ce lieu.

(A Saint-Marc.)

Pardon, monsieur.

SAINT-MARC, de mauvaise humeur.
Quoi... qu'est-ce ?

VERNEUIL.
Auriez-vous pu me dire

Si...

SAINT-MARC.
Pas ici, monsieur...

(Montrant le comité.)

On est en train de lire.

VERNEUIL.
Ah ! vraiment, Casimir ?

SAINT-MARC.
Il lit !

VERNEUIL.
Bravo !

(A part.)
C'est clair !

En prenant un coupé on va comme l'éclair,
Et de se voiturer Casimir n'est pas chiche,
C'est moi qui fais les frais, moi qui suis le moins riche ;
Mais enfin...

(Haut.)
Ah ! vraiment, mon collaborateur...

SAINT-MARC.
Quoi ! de la pièce aussi, vous vous faites auteur ?
Ce jeune homme m'a dit...

VERNEUIL.
Qu'il était seul ?

SAINT-MARC.
Sans doute.

VERNEUIL.
C'est convenu, monsieur... de moi la pièce est toute.
Lui n'a fait que le plan.

(A part.)
J'en suis un peu certain,
C'est le seul mot écrit que j'aye de sa main.

SAINT-MARC.
Alors, c'est différent... dès qu'il existe un pacte...

VERNEUIL.
Nous n'avons pas voulu deux noms pour un seul acte,
Vous concevez...

SAINT-MARC.

J'entends... Avec plus d'intérêt
On accueille un auteur...

VERNEUIL.

C'est cela.

SAINT-MARC.

Votre arrêt
En ce moment encor n'est pas près de se rendre.
Veuillez ici, monsieur, vous asseoir et l'attendre.

VERNEUIL.

Mais vous êtes trop bon.

SAINT-MARC, à part, s'en allant.

Dès qu'il prêtait l'esprit,
Qu'en coûtait-il de plus de prêter un habit?
Ah! ce n'est pas adroit.

Il sort.

SCÈNE IX

VERNEUIL, seul, assis.

Il lit... c'était ma place!
Mais bah! point de regrets!... Moi, j'ai trop peu d'audace;
Casimir a raison, je suis trop écolier;
J'aurais mal lu, par peur... Lui, plus franc du collier,
A notre honneur saura s'en tirer, je le gage.
Il a dans son maintien, ainsi qu'en son langage,
Un air d'autorité qui toujours porte coup,
Et l'on aura beau dire, un tel air fait beaucoup.

Il se lève et s'approche de la porte du comité.

C'est là... que je voudrais, spectateur invisible,
Dans un coin me glisser; mais, hélas! impossible!
Avec quel intérêt et quelle anxiété
Je chercherais à voir si l'ouvrage est goûté,
Ou s'il ne perce pas, à travers un visage,
Quelque signe d'ennui, trop funeste présage.
Comment! pas un moyen de savoir quel accueil?...
Au trou de la serrure si je risquais un œil...

(Il cherche à voir.)

Non... J'ai beau regarder, un lynx n'y verrait goutte.
Mais peut-être entend-on... Voyons, chut, paix, j'écoute.

(Il écoute.)

Ah! oui... oui... l'on entend... sans saisir, toutefois...
De Casimir... c'est drôle... est-ce bien là la voix?
Elle n'a pas l'aplomb ni le timbre ordinaire...
Un peu d'émotion... il n'a pu s'y soustraire...

Ah ! monsieur, qui faisiez si bien votre aguerri !
Comme je vais tantôt !... Hein ?... Qu'est-ce ?... A-t-on pas ri ?
    (Ecoutant encore.)
Si, si... parbleu ! l'on rit ! Bon ! courage ! à merveille !
O bruit approbateur qui flatte mon oreille !
Ils y mordent, bravo ! Casimir... va ton train !
A présent, nous voilà les maîtres du terrain.
    (On frappe à la porte du foyer.)
Quelqu'un ?... La peste soit du sot qui nous dérange !
    (Madame Jolibois entre.)
Une femme ? Que veut cette tournure étrange ?

SCÈNE X

VERNEUIL, MADAME JOLIBOIS.

    MADAME JOLIBOIS, saluant Verneuil.
Monsieur, votre servante... Auriez-vous la bonté
De m'annoncer ?...
    VERNEUIL.
    A qui, madame ?
    MADAME JOLIBOIS.
        Au comité.
    VERNEUIL.
Au comité ?
    (A part.)
    Tudieu ! quelle caricature !
  (Haut.)
Impossible, madame, on fait une lecture.
    MADAME JOLIBOIS.
Comment, monsieur, l'auteur n'a pas encor fini ?
    VERNEUIL.
Non, madame ; assez tard chacun s'est réuni, .
Et la séance...
    MADAME JOLIBOIS.
    Ah ! mais, c'est une plaisanterie !...
Allons, allons, monsieur, annoncez, je vous prie,
Madame Jolibois.
    VERNEUIL.
    Madame Jolibois
Voudra bien, s'il lui plait, passer une autre fois.
    MADAME JOLIBOIS.
Qu'est-ce à dire, monsieur ?
    VERNEUIL.
    C'est-à-dire, madame,

Que vous n'entrerez pas.

(A part.)
La ridicule femme !

MADAME JOLIBOIS.

Monsieur !

VERNEUIL.

Madame ?

MADAME JOLIBOIS.

Ici, je suis depuis longtemps.

VERNEUIL.

Moi de même, madame, et vous voyez... j'attends

MADAME JOLIBOIS.

Eh ! quoi, monsieur n'est pas employé du théâtre ?

VERNEUIL.

Non, madame.

MADAME JOLIBOIS, cherchant à passer.

En ce cas...

VERNEUIL, à part.

La tête opiniâtre !

Il se place entre elle et la porte. — Haut.

Ne voyez-vous donc pas, madame, à parler franc,
Que vous commencez fort à m'échauffer le sang ?

MADAME JOLIBOIS.

Ne comprenez-vous pas, pour être aussi sincère,
Que vous allez, monsieur, m'aigrir le caractère ?

VERNEUIL.

Dans quel but, en ce lieu, voulez-vous pénétrer ?

MADAME JOLIBOIS.

Pour quel motif, monsieur, ne m'y pas faire entrer ?

VERNEUIL.

Je suis auteur, madame...

(Montrant le comité.)
Un auteur dans l'attente.

MADAME JOLIBOIS.

Vrai ?... Touchez là, monsieur... Moi, je suis débutante

VERNEUIL, à part.

Débutante ! Tudieu !

MADAME JOLIBOIS.

Pour une audition

J'ai rendez-vous ici de la direction,
Et voilà, sans mentir, une grande heure entière
Que je suis attendant en bas chez la portière.

VERNEUIL, à part.

Que n'y demeurait-elle !

Il écoute à la porte.— Avec humeur.

Ah ! je n'entends plus rien !

MADAME JOLIBOIS.
C'est qu'on a terminé, pour lors.
Elle va pour entrer au comité.
Voulez-vous bien
Permettre ?...
VERNEUIL.
Au nom du ciel, madame, patience !
(A part.)
Le moyen d'écouter.
(Haut.)
Vous aurez audience.
Mais, de grâce, un instant : chacun son tour ici...
C'est à moi maintenant... plus tard à vous.
MADAME JOLIBOIS.
Merci !
Des jeunes gens du jour, voilà bien là l'espèce !
Pour le sexe, il n'ont plus la moindre politesse.
VERNEUIL, lui offrant un fauteuil.
Asseyez-vous, madame, et sans bruit, un moment,
Repassez votre rôle.
MADAME JOLIBOIS.
Ah ! mon rôle... vraiment !
Une épigramme ! on veut douter de ma mémoire ?
(Allant à Verneuil.)
Monsieur !
VERNEUIL.
Encor, madame.
Il la reconduit à son fauteuil.
MADAME JOLIBOIS.
On sait, veuillez le croire,
Ses auteurs par cœur...
VERNEUIL, écoutant.
Bien...
MADAME JOLIBOIS.
Citez un seul endroit
Dans tout Corneille...
VERNEUIL.
Allons !...
MADAME JOLIBOIS.
Que sur le bout du doigt
On n'ait pas retenu.
VERNEUIL.
La folle m'assassine.
MADAME JOLIBOIS, élevant la voix par degrés.
Et Voltaire ?... et Molière ?... et le tendre Racine ?
Et Crébillon, Regnard, Jean Rotrou, Dubelloy ?

VERNEUIL, impatienté.

Plus bas !... plus bas, madame, ayez pitié de moi.
On me juge, on me tient.

(A part.)
Je suffoque... j'enrage !

MADAME JOLIBOIS.

Pensez à moi, monsieur, si l'on reçoit l'ouvrage.

VERNEUIL.

Ah çà, vous moquez-vous ?

MADAME JOLIBOIS.
Quoi, vous êtes fâché ?

Mais vous ne feriez pas un si mauvais marché...
Personne mieux que moi ne sait créer ses rôles ;
Vous en doutez ?

VERNEUIL, haussant les épaules.
Qui, moi ?

MADAME JOLIBOIS.
Vous haussez les épaules...

VERNEUIL.

C'est un tic...

MADAME JOLIBOIS.
Ma démarche a de la dignité.

Elle marche.

Mon geste est noble.

Elle gesticule.

VERNEUIL.
Allons ! me voilà comité !

MADAME JOLIBOIS.

Avec art, sur mes traits, miroir de ma pensée,
On voit la passion, qui parle, retracée,
La douleur,

(Jeu muet.)
Ou la joie, et je sais tour à tour

Faire éclater la haine ou soupirer l'amour.
Enfin... Pas un emploi que mon talent n'atteigne
Hors celui d'ingénue.

VERNEUIL, à part.
Ah ! la maudite duègne !

MADAME JOLIBOIS.

Et l'organe, monsieur, comme on vous lance un vers !
Près de moi, Duchesnois déclamait de travers.
Voulez-vous en juger ?

VERNEUIL.
Vrai, j'en serai malade.

MADAME JOLIBOIS.

Ecoutez Hermione.. une seule tirade,
Quatrième acte...

VERNEUIL, se bouchant les oreilles.
Ah ! grâce !
MADAME JOLIBOIS.
A la scène, au moment
Où son courroux accable un infidèle amant :
« Oui, Seigneur... s'il le faut, si le ciel en colère
« Réserve à d'autres yeux la gloire de vous plaire,
« Achevez votre hymen, j'y consens... Mais, du moins,
« Ne forcez pas mes yeux d'en être les témoins. »
VERNEUIL, se retournant.
Et vous n'achevez pas, ou, pour tant de merveilles,
Daignez, madame, aussi, choisir d'autres oreilles.
MADAME JOLIBOIS.
« Pour la dernière fois, je vous parle peut-être...»
VERNEUIL.
Que ne dit-elle vrai ?
MADAME JOLIBOIS.
« Demain, vous serez maître...
« Vous ne répondez point ?... Perfide, je le voi,
« Tu comptes les moments que tu perds avec moi.
« Ton cœur, impatient de recevoir ta Troyenne,
« Ne souffre qu'à regret qu'une autre t'entretienne ?...
« Tu lui parles du cœur, tu la cherches des yeux...
« Je ne te retiens plus... Sauve-toi de ces lieux !... »
VERNEUIL, hors de lui.
Ah ! c'est ce qu'à l'instant je vais faire, madame!
MADAME JOLIBOIS.
Hein ? quelle diction !... quelle chaleur?... quelle âme ?
Comme c'est enlevé !

VERNEUIL.
Je n'y saurais tenir;
Et je vais, de ce pas, me plaindre et revenir.

SCÈNE XI

LES MÊMES, SAINT-MARC.

SAINT-MARC.
Çà, quel bruit menez-vous, et quel est ce tapage?
VERNEUIL.
Ah! monsieur, au secours ! Sauvez-moi de sa rage !
SAINT-MARC.
Doucement, doucement !
VERNEUIL.
Certes, pour mon repos,

Vous ne pouviez, monsieur, venir plus à propos.

L'amenant en face de madame Jolibois.

Vous connaissez madame ?

SAINT-MARC, à part.
Il me la baille bonne !

(Haut.)
Madame Jolibois...

(Là saluant.)
Une aimable personne !

Ils se font réciproquement politesse.
VERNEUIL, surpris.

Hein ?...

SAINT-MARC.
La santé, bel ange ?

MADAME JOLIBOIS.
Et la vôtre ?

SAINT-MARC.
Pas mal.

Toujours plus ravissante.

MADAME JOLIBOIS, avec modestie.
Ah !

SAINT-MARC.
D'honneur !

VERNEUIL, à part.
L'animal !

SAINT-MARC, avec malice.
On vous a vue hier....

MADAME JOLIBOIS.
Où donc ?

SAINT-MARC.
A la banlieue...

Un beau talent tragique.

VERNEUIL, indigné.
Ah ! oui !

SAINT-MARC.
L'on faisait queue.

SAINT-MARC.
Nous disions donc, pour lors, car il faut être bref,
Que, contre ce Monsieur, nous avions un grief.

MADAME JOLIBOIS.
Moi ? du tout.

SAINT-MARC.
En ce cas, qu'est-ce donc qu'il réclame?

VERNEUIL, furieux.
Ce qu'il réclame, ô ciel !... un bâillon pour madame.

MADAME JOLIBOIS.
L'insolent !

VERNEUIL.

La bavarde !

MADAME JOLIBOIS.

Et ça se dit auteur !

VERNEUIL.

Et ça veut débuter !

MADAME JOLIBOIS.

Un mauvais rimailleur.

VERNEUIL.

Une folle à lier, hurlant la tragédie !

MADAME JOLIBOIS.

Un fat qui, parce que l'on tient sa rapsodie
Sur l'affiche du jour se croit déjà porté...
Un bâillon !...

SAINT-MARC, à madame Jolibois.

Paix !

VERNEUIL.

Enfin !

SAINT-MARC, à Verneuil.

Silence !

(A l'un et à l'autre.)

Au comité.

Par ce débat, tous deux, vous allez faire esclandre...

MADAME JOLIBOIS.

Un bâill....

SAINT-MARC, l'interrompant.

En mon bureau, voyons, veuillez descendre.

MADAME JOLIBOIS.

Moi, sortir ?...

SAINT MARC, l'emmenant malgré elle.

Vous viendrez quand on aura fini.

MADAME JOLIBOIS.

Je sors...

(Menaçant Verneuil.)

Puisse un refus, traître, t'avoir puni !

SCÈNE XII

VERNEUIL, puis CASIMIR.

VERNEUIL.

Et toi, de ton côté, puisse, maîtresse folle,
Au milieu d'un couplet te manquer la parole !
Ta mémoire troublée, à ce moment faillir

Et tous les auditeurs...

(Entre Casimir, boiteux, la toilette en désordre, et tenant à la main son
manuscrit rempli de boue.)

Que vois-je ?... Casimir !
En quel état piteux ?... D'où viens-tu ?... La lecture ?...

CASIMIR, se tenant les côtes.

Aïe !... Ah !... Verneuil !...

VERNEUIL.

Eh bien ?...

CASIMIR.

Ne prends plus de voiture.

VERNEUIL.

Le beau conseil, vraiment ! je vais toujours à pied.

CASIMIR.

Tu fais bien !... Moi, tu vois... je suis estropié.

Verneuil le conduit à un fauteuil, dans lequel il s'assied avec peine.

Oh ! la jambe !...

VERNEU.

Et la pièce ?...

CASIMR.

Ah ! mon cher, une chute
Atroce, horrible...

VERNEUIL.

Hélas ! quand donc ?

CASIMIR.

A la minute !

VERNEUIL, consterné.

Quoi ! la pièce est tombée ?

CASIMIR.

Eh ! non, pardieu, c'est moi :
Un cheval abattu...

VERNEUIL.

De grâce... explique-toi,
Car j'ai peine à comprendre... As-tu lu ?

CASIMIR.

Tu veux rire ?
Quand donc l'aurais-je pu ?... je souffre le martyre...

VERNEUIL.

Comment, ce n'est pas toi qui dans l'instant, ici,
Lisais au comité ?...

CASIMIR.

Moi ?... puisque me voici.
Et que, la pièce en main, tout éclopé, j'arrive...

VERNEUIL.

Il se peut ?...

CASIMIR, se levant.

Hélas ! oui... la douleur est moins vive.

VERNEUIL.

Ah ! malédiction !... mais comment, s'il te plait ?...

CASIMIR.

J'avais, sortant d'ici, pris un cabriolet,
Tu conçois ?... lorsqu'il faut que la course soit prompte...

VERNEUIL.

Bien.

CASIMIR.

Ce soir, au café, nous réglerons ce compte...

VERNEUIL.

Convenu ! .. Vite, au fait.

CASIMIR.

En moins de rien, c'est trop.
Je vole à la maison et reviens au galop.

VERNEUIL, lui prenant la pièce.

Avec le manuscrit ?...

CASIMIR.

Qui te dit le contraire ?
Tu l'avais oublié.

VERNEUIL.

Moi ?

CASIMIR.

Sur mon secrétaire.

VERNEUIL.

Eh quoi ! je...

CASIMIR, sans l'écouter.

En détournant, près du Palais-Royal,
Nous brûlions le pavé... mon cocher, un brutal,
Coupe court... patatras !... sa bête était fourbue,
Elle tombe et me lance à dix pas dans la rue...

VERNEUIL.

Alors ?...

CASIMIR.

On me relève... en un café voisin
Demi-mort on m'emporte... et tu connais la fin.
Un monsieur, là présent, un brave homme sans doute,
Lorsque j'ai pu marcher, m'a remis dans ma route.

VERNEUIL.

O fatal accident !

CASIMIR.

Viendrais-je ici trop tard !

VERNEUIL.

Mon ami, je m'y perds, à te parler sans fard,
Quelqu'un nous a joués, mis dedans.

CASIMIR.

Quelle audace.

VERNEUIL.

En ce moment, là même, on lit à notre place.

CASIMIR.

Pas possible!

VERNEUIL.

C'est sûr!

CASIMIR.

Bah! tu te trompes.

VERNEUIL.

Non!

Et le plus curieux, c'est qu'on a pris ton nom...

CASIMIR

Mon nom?

On entend applaudir

VERNEUIL.

Chut!

Les applaudissements redoublent.

Me trompais-je? étais-je un alarmiste?

Il écoute à la porte.

On se lève... l'on vient...

CASIMIR.

Mais qui donc?

(La porte du comité s'ouvre; sort Marcel accompagné par un membre du comité.)

VERNEUIL, le reconnaissant.

Le copiste!

CASIMIR.

Lui!

SCÈNE XIII

Les Mêmes, MARCEL, LE SEMAINIER.

LE SEMAINIER, à Marcel.

L'ouvrage, monsieur, est rempli de talent.
Il est bien agencé... le style est excellent,
Et notre comité, d'une voix unanime,
Le reçoit sans scrutin, pour prouver son estime...

MARCEL, avec joie.

Oh! monsieur...

CASIMIR.

Quoi! le traître...

VERNEUIL, le contenant.

Un moment.

MARCEL, à part, sans voir Casimir et Verneuil.

J'ai bien peur...

Lorsqu'on va découvrir...

LE SEMAINIER.

On fait plus... par faveur

Et pour encourager votre jeune mérite,
La pièce apprise, on veut la jouer tout de suite.
Oui, monsieur Casimir...

CASIMIR, éclatant
Casimir ! c'est trop fort !
(Il s'avance vers le semainier.)
Je réclame !... un instant...

MARCEL, à part.
Les auteurs !... je suis mort.

CASIMIR, au semainier.
Vous êtes dupe ici d'une ruse honteuse.

LE SEMAINIER.
Comnent cela, monsieur ?

MARCEL, à part
Quelle scène fâcheuse !

CASIMIR, désignant Marcel.
Vous prêtez à Monsieur plus qu'il n'en peut fournir...
Mon nom d'abord...

LE SEMAINIER, à Marcel.
Son nom ?

CASIMIR.
Sans doute, Casimir,
L'auteur, aujourd'hui même inscrit au répertoire...

LE SEMAINIER.
Eh bien ?

CASIMIR.
C'est moi !

LE SEMAINIER, à Marcel.
Jeune homme ?...

MARCEL, confus.
A l'amour de la gloire
Ah ! daignez pardonner un indigne moyen ;
Oui, je vous ai trompé.

LE SEMAINIER.
Monsieur !

MARCEL.
Ce n'est pas bien,
Je le sais, je le sens... mais qui, je le demande,
N'eût pas agi de même et lu par contrebande ?
Les deux auteurs absents, que faire ?... Un comité
Ne peut perdre son temps... moi, j'en ai profité !...

LE SEMAINIER, à part.
Que dire ?... Un beau succès ici le justifie...
Sévèrement à Marcel.
Votre nom ?

MARCEL, tremblant.
Moi ?... Marcel.

LE SEMAINIER.
Marcel, je ratifie,
Au nom du comité, votre réception...
CASIMIR, mécontent.
Quoi, monsieur?...
LE SEMAINIER.
Mais j'impose une condition...
(Montrant Casimir et Verneuil.)
C'est que ces deux messieurs nous liront à huitaine...
VERNEUIL.
Ah!
LE SEMAINIER.
Et que, si leur œuvre en mérite la peine,
Sur la vôtre, de droit, elle obtiendra le pas...
CASIMIR.
Le pauvre diable est sûr d'attendre, dans ce cas.
LE SEMAINIER.
Vous pensez?
(A part.)
A ce ton je croirais le contraire.
Eh!
(Appelant.)
Antheaume!
ANTHEAUME.
Monsieur?
LE SEMAINIER.
Voyez le secrétaire
Et dites-lui... C'est bien. Justement, le voici.

SCÈNE XIV

Les Mêmes, SAINT-MARC, ANTHEAUME.

SAINT-MARC, mystérieusement au semainier.
Monsieur le semainier, cette dame est ici,
Madame Jolibois... Elle ne peut attendre.
L'entend-on?
LE SEMAINIER.
Ah! de reste elle s'est fait entendre.
Elle est venue ici lorsque monsieur lisait...
J'ai reconnu sa voix...
(A Antheaume qui sort du comité le verre d'eau sucrée à la main.)
Congédiez, s'il vous plaît...
C'est la troisième fois que la folle postule,
Et nous savons par cœur son talent ridicule.
Antheaume sort.

SAINT-MARC.

La pauvre femme est bien mauvaise assurément.

VERNEUIL.

Le traître! Devant elle il disait autrement.

LE SEMAINIER, à Saint-Marc.

Prenez note, Saint-Marc... La pièce qu'on a lue...

SAINT-MARC, avec aplomb.

Est refusée?...

LE SEMAINIER.

Eh! non... Avec honneur reçue.

SAINT-MARC, prenant note et complimentant Verneuil.

Ah! monsieur, permettez!...

VERNEUIL.

Bon!

LE SEMAINIER.

Au procès-verbal
Vous allez ici faire un changement légal.

(Le secrétaire s'assoit et se dispose à écrire. — Montrant Verneuil.)

L'auteur n'est pas monsieur.

SAINT-MARC.

Comment?

LE SEMAINIER.

C'est ce jeune homme.

SAINT-MARC.

Monsieur Casimir?

LE SEMAINIER.

Non : c'est Marcel qu'il se nomme.
Rectifiez l'erreur, et puis, pour en finir,
Jeudi, portez lecture au nom de Casimir.

(S'adressant à celui-ci.)

Un acte également?

CASIMIR.

Un acte?

LE SEMAINIER.

Par prudence,
Le titre, je vous prie?... On l'inscrira d'avance.

CASIMIR.

Le titre? *Tout ou rien.*

SAINT-MARC.

Hein?

MARCEL.

Qu'est-ce?

LE SEMAINIER.

Tout ou rien?

(Un temps.)

Le héros, un sourd?

CASIMIR.

Oui.

LE SEMAINIER.

La scène à Rome?

CASIMIR.

Eh bien?

LE SEMAINIER.

Répondez...

CASIMIR.

C'est cela!

MARCEL.

Grand Dieu!

LE SEMAINIER.

C'est bien dommage!

(Montrant Marcel.)
Mais Monsieur, à l'instant, vient de lire l'ouvrage.

CASIMIR, à part.

Ah! diable!... de l'aplomb!

(Haut.)
Un singulier hasard!

(Bas à Verneuil.)
Parle donc!

VERNEUIL, au semainier.

Quoi, monsieur?

LE SEMAINIER.

Ah! vous venez trop tard!...

Même sujet...

CASIMIR.

Trop tôt Monsieur peut-être arrive?

(Bas à Verneuil.)
Va!

VERNEUIL.

C'est un plagiat, la chose est positive.

CASIMIR, bas à Verneuil.

Très-bien!

MARCEL, indigné.

Un plagiat!!!

VERNEUIL.

Mais, dame, c'est certain.

Voyez plutôt ce plan!...

Il tire de sa poche le plan de Casimir et le présente au semainier.

MARCEL.

Ciel! mon plan... de ma main!

Stupéfaction générale.

CASIMIR, à part.

De sa main! sauvons-nous!

Il sort à pas de loup, sans que personne s'en aperçoive.

SCÈNE XV

Les Précédents, à l'exception de CASIMIR.

MARCEL, au semainier, lui remettant sa pièce.
                    Monsieur, prenez la peine.
Examinez, jugez, comparez chaque scène,
Et dites si ce plan, comme ce manuscrit,
Par moi-même, en entier, n'a pas été transcrit.
          LE SEMAINIER, rendant le plan à Marcel.
C'e t certain !
                    MARCEL, triomphant.
          Ah! merci !... Dans mes rêveries,
Chaque soir, cet été, j'allais aux Tuileries...
Et c'est là... maintenant il m'en souvient, je crois,
Que j'égarai ce plan, voilà plus de deux mois...
                    VERNEUIL, confondu.
Quoi, traitre?...
          Il se retourne, cherche Casimir, et ne le trouvant pas.
          Il est parti.
          SAINT-MARC, montrant la porte.
                    Sans bruit, l'oreille basse,
Il vient de s'esquiver.
                    VERNEUIL, avec explosion.
          De peur qu'on ne le chasse.
Ah ! l'infâme, je vois...
                    (A Marcel.)
          Monsieur, pardonnez-moi
D'avoir osé douter de votre bonne foi :
Dans l'étrange débat qui tous nous préoccupe,
D'un fourbe audacieux, je le vois, j'étais dupe...
S'étant offert à moi, pour collaborateur,
Il m'apporta ce plan dont il se dit l'auteur :
Je le crus : votre intrigue était simple et facile,
Elle me séduisit, je me chargeai du style...
Voilà la vérité... Maintenant, je n'ai plus
Qu'à sortir à mon tour, désespéré, confus...
          (Avec regret.)
J'avais fait de mon mieux sur ce fond si propice,
Moins bien que vous, sans doute... et je me rends justice.
          Il déchire son manuscrit et va pour sortir.
                    MARCEL, le retenant.
Ah ! monsieur, d'un tel trait de générosité

Comment me rendre digne aussi de mon côté?
(Portant la main à son front.)
Là... j'ai certain sujet qu'en ce moment j'assemble.
Si j'osais... voulez-vous ? nous le ferons ensemble !
Il tend la main à Verneuil.
VERNEUIL, lui donnant la sienne.
J'accepte... et désormais ne me plains qu'à demi,
Puisqu'au lieu d'un faux frère, il me reste un ami.
LE SEMAINIER.
Bien, jeunes gens !
SAINT-MARC.
Très bien!
LE SEMAINIER.
                    Travaillez sans relâche
Et d'un commun accord allégez votre tâche.
De nos jeunes auteurs, le Théâtre-Français
Fut heureux en tout temps d'accueillir les essais...
On le dit exigeant... Un juge plus sévère
Vous reste à désarmer... messieurs, c'est le parterre...
Puissiez-vous l'un et l'autre, en rivaux généreux,
Le captiver, lui plaire, et réussir tous deux !

FIN

CLICHY. — Impr. M. LOIGNON, Paul DUPONT et Cie, rue du Bac-d'Asnières, 12